Für ....

Von ....

Herzlichen Glückwunsch zur
Goldenen Hochzeit!

GOLDENE
1974–2024
HOCHZEIT

Pattloch

1974 – Ihr heiratet

FÜNF GEMEINSAME JAHRZEHNTE

Dieses Jahr wird alles anders. Ihr fangt euer gemeinsames Leben an – zumindest auf dem Papier. Und auch in der Politik stehen die Zeichen auf Wandel: Willy Brandt tritt als Bundeskanzler zurück. Sein kurzzeitiger Vertreter Walter Scheel wird noch im selben Jahr zum Bundespräsidenten gewählt, nachdem Helmut Schmidt am 16. Mai das Amt des Bundeskanzlers übernommen hat. Aber nicht nur die bundesdeutsche Politik ist turbulent: Richard Nixon tritt wegen seiner Verwicklungen im Watergate-Skandal als US-Präsident zurück und kommt damit einem Amtsenthebungsverfahren zuvor. In Portugal erheben sich Volk und Militär gegen die Diktatur und ebnen den Weg in die Demokratie. Und die DDR kann sich nach 25 Jahren über ihre internationale Anerkennung freuen. Das gestärkte nationale Selbstbewusstsein drückt sich in neuen Geldscheinen aus und darin, dass das Ziel der deutschen Wiedervereinigung aus der Verfassung gestrichen wird.
Ein halbes Jahrhundert ist seitdem vergangen, die DDR gehört der Vergangenheit an – und ihr beide geht noch immer gemeinsam durch dick und dünn. Eure Goldene Hochzeit ist ein schöner Anlass, noch einmal auf die gemeinsame Zeit zurückzuschauen. Dieses Buch soll euch dabei helfen. Viel Spaß auf dieser kleinen Zeitreise!

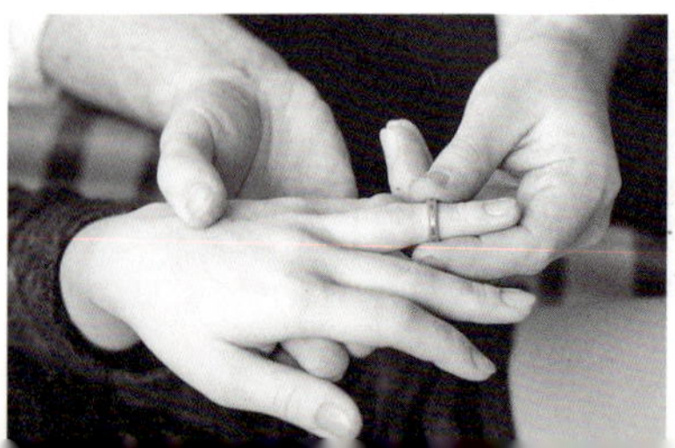

VERLIEBT, VERLOBT, VERHEIRATET

Die alten Traditionen verwischen langsam. Viele Paare verzichten mittlerweile auf die klassische Verlobung. Wie habt ihr das damals gehandhabt?

ENDLICH GEFUNDEN

Wie viel Zeit ist bei euch zwischen erstem Rendezvous und Hochzeit vergangen?

TÊTE À TÊTE

War es Liebe auf den ersten Blick oder kanntet ihr euch schon längere Zeit, bevor der Funke übergesprungen ist?

1974

HOCHZEIT

Ihr traut euch!

EIN BUND FÜRS LEBEN

Es spielt kaum eine Rolle, ob ihr eure Hochzeit monatelang bis ins kleinste Detail geplant oder spontan einen Termin beim Standesamt vereinbart habt: Als es endlich so weit ist, dürften euch vor Nervosität die Hände klamm geworden sein. So wie euch geht es in diesem Jahr noch weiteren 516.081 Paaren in West- und Ostdeutschland. Sie alle geben sich 1974 das Jawort. Doch die wenigsten dürften eine so gute Wahl wie ihr getroffen haben.
Könnt ihr euch noch an die Einzelheiten erinnern? Beispielsweise, ob euch eure Eltern viel reingeredet haben? Und wenn ja, konntet ihr euren Willen trotzdem durchsetzen oder habt ihr um des lieben Friedens willen klein beigegeben? Eigentlich konnten eure Eltern schon froh sein, dass ihr nicht den ganz modernen Weg gegangen seid. Damals entschieden sich nämlich immer mehr Paare, ganz auf die Ehe zu verzichten, und auch die Hippie-Bewegung hat das Ihrige dazu beigetragen, dass alte Hochzeitstraditionen nicht mehr so ernst genommen werden. Einen ganz praktischen Nutzen hat die Ehe jedoch nach wie vor in der DDR: Sie ist häufig der einzige Weg für junge Paare, an eine eigene Wohnung zu kommen.

DIESES WAR DER ERSTE STREICH …

Bei den meisten Paaren folgt auf die obligatorische standesamtliche Trauung noch die kirchliche, die dann auch größer gefeiert wird.

SEUCHENSCHUTZ

In Teilen Frankreichs ist dieses Jahr die Maul- und Klauenseuche ausgebrochen. Um eine Verbreitung der Krankheit zu vermeiden, muss dieses Brautpaar auf dem Weg zum Altar durch ein Sandbad mit Desinfektionsmittel laufen.

FAMILIENFÖRDERUNG

In der DDR werden Ehekredite bewilligt. Wenn beide Partner unter 26 Jahre alt sind und das gemeinsame Monatseinkommen weniger als 1400 Mark beträgt, haben sie Anspruch auf einen zinslosen Kredit in Höhe von 5000 Mark.

Gangster, Gauner und Ganoven

DIE NEUESTEN COUPS AUS HOLLYWOOD

In der deutschen Filmbranche dominiert Mitte der 70er-Jahre der Autorenfilm. Regisseure wie Rainer Werner Fassbinder und Wim Wenders läuten den Neuen Deutschen Film ein. 1974 kommen gleich zwei Fassbinder-Filme ins Kino: Für ihre Leistung in „Angst essen Seele auf" erhält Brigitte Mira den Deutschen Filmpreis und „Fontane Effi Briest" wird mit dem Interfilm Award ausgezeichnet.
Den Massengeschmack kann der Neue Deutsche Film aber nicht bedienen. Hier punkten noch immer amerikanische Filme. Zum absoluten Kassenschlager wird „Der Clou", eine Gangster-Komödie mit Robert Redford und Paul Newman, die im Chicago der 30er-Jahre spielt. Mit einer anderen Art von Gaunern haben es Jack Nicholson und Faye Dunaway in „Chinatown" zu tun. Deutsche Kinobesucher können dem Privatermittler Jake Gittes in der BRD schon 1974 bei seinem Abenteuer rund um Wirtschaftskriminalität und Inzest zusehen, in der DDR kommt der Film erst 1976 in die Kinos. „Der Exorzist" erscheint ebenfalls 1974, ist aber nichts für Zartbesaitete. Aus Österreich berichten Zeitungen von Ohnmachtsanfällen im Kinosaal und dem reihenweisen Einsatz von Riechsalz.

ROADMOVIE

In Wim Wenders' „Alice in den Städten" sucht der erfolglose Journalist Philip Winter die Großmutter der neunjährigen Alice, die ihm in New York von ihrer Mutter anvertraut wurde.

MIT ALLEN TRICKS

Paul Newman hat in „Der Clou" ein Handdouble. Die Kartenspielszenen übernimmt ein Falschspielexperte, der die nötige Fingerfertigkeit zum Spielbetrug besitzt.

WISST IHR'S?

Wie lautet das bekannteste Musikstück im Film „Der Clou", das von Scott Joplin komponiert wurde?

Antwort:
„Der Entertainer"

EIN UNGLEICHES GESPANN

Die französische Komödie „L'Emmerdeur" mit Jaques Brel kommt 1974 in zwei deutschen Fassungen ins Kino: in der BRD als „Die Filzlaus", in der DDR als „Die Klette". In dem Film wird ein maulfauler Auftragsmörder zum unfreiwilligen Lebensretter und Freund.

Glamrock und Disco

MUSIK ZUM TANZEN

Hört ihr lieber klassische Musik und Schlager oder könnt ihr euch für die derzeit angesagten Musikstile Glamrock und Disco-Pop begeistern? Der Sommerhit des Jahres kommt noch eindeutig aus der Schlagerecke: Vicky Leandros' „Theo, wir fahr'n nach Lodz" wird von manchen als Kommentar zu Willy Brandts Ostpolitik gesehen, für die meisten ist das Lied jedoch einfach ein mitreißender Ohrwurm. Der Rest der deutschen Hitparade fällt 1974 poppiger aus: Die Rubettes belegen mit „Sugar Baby Love" wochenlang den ersten Platz der Charts in Deutschland, Österreich und der Schweiz und gewinnen in der BRD eine goldene Schallplatte. Die meistverkaufte Single des Jahres kommt jedoch von George McCrae. „Rock Your Baby" befeuert den Aufstieg des Disco-Pop. Und dann sind da noch die vier Schweden, die dieses Jahr den Grand Prix gewinnen: „Waterloo" ebnet ABBA den Weg zum großen internationalen Durchbruch.

Weniger im Mainstream verankert, aber nicht minder bedeutsam für die Musikgeschichte ist die Veröffentlichung des Albums „Autobahn" von Kraftwerk. Genesis, deren Progressive Rock den Gegenpol zum vorherrschenden Glamrock bildet, veröffentlichen ihr Konzeptalbum „The Lamb Lies Down on Broadway" und starten ihre gleichbetitelte Welttournee. Mit dem Ende der Tour verlässt Peter Gabriel die Band.

MICHA, MEIN MICHA

Die 19-jährige Nina Hagen, Sängerin der Band Automobil, wird dieses Jahr mit dem Lied „Du hast den Farbfilm vergessen" landesweit bekannt.

GEGEN DEN STROM

Die Klaus Renft Combo gehört in der DDR zu den beliebtesten Rockbands ihrer Zeit. Wegen ihrer politischen Lieder eckt sie immer häufiger an und wird schon im kommenden Jahr verboten werden.

GLAMOUR

ABBA wird vor allem wegen ihrer Ohrwurmgaranten schnell bekannt und beliebt. Aber ihre schillernden Bühnenoutfits bleiben genauso im Gedächtnis.

NUMMER-1-HITS IN DER BRD 1974

Lobo: **I'd Love You to Want Me** · Mirelle Mathieu: **La Paloma, ade** · Sweet: **Teenage Rampage** Dan the Banjo Man: **Dan the Banjo Man** · Nazareth: **This Flight Tonight** · Terry Jacks: **Seasons in the Sun** ABBA: **Waterloo** · The Rubettes: **Sugar Baby Love** Vicky Leandros: **Theo, wir fahr'n nach Lodz** George McCrae: **Rock Your Baby** · Carl Douglas: **Kung Fu Fighting** · Michael Holm: **Tränen lügen nicht**

Mini, Midi oder Maxi

AUF DIE LÄNGE KOMMT ES AN

In den vergangenen Jahren wurde viel über Rocklängen diskutiert. Zuerst schockte der Mini-, dann kam der Midi- und zuletzt der Maxi-Rock. Dieses Jahr erlebt der Mini sein Revival, üblicherweise als Faltenrock in Anlehnung an schottische Kilts. Wer trotzdem nicht so viel Bein zeigen möchte, kann zu langen, schwingenden Maxikleidern im Folklorestil greifen. Die sind dann nicht ganz so bunt und wild gemustert wie die restliche Mode, aber dafür mit Lochstickereien und Häkelbordüren verziert. Dein bedeutendstes Kleidungsstück dieses Jahr ist wahrscheinlich dein Brautkleid. Wofür hast du dich entschieden? Für einen schmalen, schlichten Schnitt mit etwas Spitze oder für ein ganz klassisches üppiges Hochzeitskleid mit viel Tüll, Seide und langer Schleppe?
Gegenüber der Schuhmode der vergangenen Jahre haben besonders Orthopäden Vorbehalte. Die Plateausohlen führen oft zum Umknicken, zu verstauchten Knöcheln und Bänderrissen. Aber schließlich galt in der Mode schon immer „Wer schön sein will, muss leiden" und zur weit ausgestellten Schlaghose passen Schuhe mit Absatz und Plateau nun einmal am besten.

GROSSKARIERT

Warst du mutig genug für den letzten modischen Schrei bei deiner Hochzeit? Schmaler Schnitt und kräftige Muster liegen absolut im Trend.

FAST FASHION

Dieses Designer-Brautkleid aus Bologna gibt es zum unschlagbaren Preis von umgerechnet zehn Dollar. Allerdings ist es aus Papier, die Braut ist also auf schönes Wetter angewiesen.

WISST IHR'S?

Welches Kleidungsstück durchläuft in der DDR Anfang der 70er-Jahre einen Wandel vom Symbol der Rebellion zum unverfänglichen Alltagsgegenstand?

Antwort:
Die Jeans, in der DDR auch Niet(en)hose genannt.

DAS KLEID DER KLEIDER

In der Brautmode sind gerade schlichte Schnitte „in". Noch immer ein absolut klassisches Brautaccessoire ist der Schleier.

Alltagsflucht

AUF IN DIE FLITTERWOCHEN!

Den diesjährigen Urlaub habt ihr euch gleich mehrfach verdient, immerhin geht es um eure Flitterwochen! Das Problem ist nur: Wo sonst die bayerischen Berge und die nord- und ostdeutsche Küste Urlauber zum Wandern und Baden einladen, ist es dieses Jahr fast durchgehend verregnet und kalt. Das dämpft die Urlaubsstimmung und fördert das Fernweh. Hoffentlich habt ihr euch eine Urlaubskasse zusammengespart, die eine Reise in den Süden ermöglicht. Denn Pauschalreisen nach Spanien, Südfrankreich, Portugal oder Jugoslawien halten ihr Versprechen und verwöhnen euch mit Sonne, Strand und Meer. Allerdings sind diese Reisen nicht gerade billig. 1387 D-Mark zahlen die Bundesbürger dieses Jahr im Schnitt für ihren Urlaub. Das ist immerhin etwa ein Monatsgehalt. Deutlich teurer sind die Cluburlaube von Club Méditerranée oder dem neuen Robinson Club. Das dreiwöchige Rundum-sorglos-Paket mit Anreise, Vollpension und Tagesprogramm kostet gut 3000 D-Mark. Deutlich billiger kommt ihr davon, wenn ihr euch einfach mit Campingausrüstung in eurem Auto auf den Weg Richtung Süden macht. So riskiert ihr zwar, viele Stunden im Stau stecken zu bleiben, aber nach einer langen Fahrt im heißen Auto schmeckt das erste Eis gleich dreimal so gut!

SELTENE GELEGENHEIT

Für besondere Verdienste bekommen manche Arbeiter die Gelegenheit einer Kreuzfahrt auf dem staatseigenen Ferienschiff „Völkerfreundschaft". Es ist eine der wenigen Chancen für Bürger der DDR, das Mittelmeer zu bereisen.

STÄDTETRIP

Wer sich statt für Strand und Berge eher für Kulturtourismus interessiert, kann seine Flitterwochen natürlich auch in der Stadt der Liebe verbringen.

AUSGELASSEN

Möglicherweise sind die Flitterwochen die letzte Reise, die ihr für lange Zeit ohne Kinder unternehmen könnt. Das gilt es auszunutzen.

Essen in Aspik

PARTYSNACKS À LA 1974

Zu einem rauschenden Fest gehört selbstverständlich auch das richtige Essen. Bei privaten Feiern greifen viele Gastgeberinnen mittlerweile lieber auf ein Buffet zurück als auf ein festes Menü. Hier findet jeder Gast etwas nach seinem Geschmack, die Köchin kann alles in Ruhe vorbereiten und hat während der Party Zeit für ihre Gäste. Und wenn sie Glück hat, steuern diese sogar noch eigene Gerichte bei. Zu den üblichen Bestandteilen eines gutbestückten Buffets gehören Käseigel, falscher Hase, Schinkenröllchen, Tomatenfliegenpilze und Schichtsalat. Auf keinen Fall fehlen darf jedoch eine Zutat: Ananas. Südfrüchte sind wortwörtlich in aller Munde, zumal sie als besonders gesund gelten. Seit einiger Zeit bekommt die Ananas Konkurrenz von der noch nicht ganz so weit verbreiteten Maracuja und auch Avocado, Mango und Aubergine, die noch mehr den Hauch des Exotischen besitzen, aber auch nicht ganz billig sind, sind begehrt. In der DDR spürt man selbstverständlich wenig von solchen exotischen Einflüssen. Hier wird die Küche nach wie vor von den Klassikern bestimmt: Soljanka, Kochklopse und zur Nachspeise Halbgefrorenes.

REZEPTE FÜR JEDEN TAG

„Wir kochen gut" ist seit Anfang der 60er-Jahre das DDR-Kochbuch schlechthin. Die Rezepte werden von einem Expertenteam entwickelt, in der verlagseigenen Versuchsküche erprobt und sind auf das Warenangebot in der DDR abgestimmt.

HERZHAFTER WACKELPUDDING

Es gibt in den 70er-Jahren kaum eine Zutat, die nicht mit ein bisschen Gelatine veredelt werden könnte.

DIE KLASSIKER

Darf auf keinem Buffet fehlen: Mettigel, gefüllte Eier, Tomaten und für die Naschkatzen Kalter Hund.

Einen Sommer lang April

WETTERKAPRIOLEN

Von Hochzeitswetter kann 1974 nicht die Rede sein. Zuerst verärgert der milde Winter die Wintersportler, weil alle Niederschläge in Form von Regen vom Himmel kommen. Der Rest der Bevölkerung freut sich zu diesem Zeitpunkt noch über den ausbleibenden Frost. Doch als nach einem regenreichen Frühling auch die Sommerferien ins Wasser fallen, werden die Klagen lauter. Und nicht nur das – das Wetter ist so unbeständig und unberechenbar, dass sogar die Meteorologen vom Deutschen Wetterdienst kaum noch Prognosen wagen. Hamburg erlebt im Juli 1974 nur drei Tage ohne Regen und einen einzigen Tag mit Temperaturen von 25 Grad. „Die Welt" schreibt: „Der Sommer fand an einem Montag statt."

REGENPAUSE

Wer weit genug in den Süden fährt, kann den Regenschirm doch noch gegen einen Sonnenschirm austauschen.

ES GIBT KEIN SCHLECHTES WETTER ...

... nur schlechte Kleidung. Mit Gummistiefeln und Regenmantel ist man 1974 gut beraten.

Modernes Wohnen

DIE ÄRA PLATTENBAU

Babyboom und Zuwanderung machen sich auf dem Wohnungsmarkt schmerzlich bemerkbar: Die Städte platzen aus allen Nähten. Dementsprechend ambitioniert sind viele der neuen Siedlungsbauprojekte. Ganze Vororte und Trabantenstädte werden aus dem Erdboden gestampft, riesige Wohnanlagen aus Beton prägen die Szenerie. Auch wenn diese schmucklosen Klötze nicht immer höheren ästhetischen Ansprüchen genügen, bieten sie doch erschwinglichen, modernen und damit komfortablen Wohnraum inmitten gut ausgebauter Infrastruktur. In der DDR wurde schon vor Jahren ein umfangreiches Wohnungsbauprogramm beschlossen, das im Vorjahr angelaufen ist und nicht nur die typischen Plattenbauten umfasst, sondern auch staatliche Zuschüsse für private Eigenheime vorsieht.

TRABANTENSTADT

Zwar muss man sich in der Großwohnsiedlung wenig Platz mit vielen Menschen teilen, dafür ist die Infrastruktur besser ausgebaut als in Reihenhaussiedlungen.

TRAUTES HEIM

Bei der Einrichtung eurer ersten gemeinsamen Wohnung werden eure Teamwork-Fähigkeiten auf die Probe gestellt. Wer hatte bei der Auswahl der Möbel das Sagen?

Teamarbeit

GELEBTE GLEICHBERECHTIGUNG

Habt ihr euch vor der Hochzeit Gedanken darüber gemacht, wie ihr in Zukunft euren Alltag gestaltet? Theoretisch kann der Ehemann in der Bundesrepublik noch darüber entscheiden, ob seine Frau arbeiten gehen darf. Und auch wenn sie sich vermutlich nicht am Tag vor der Vermählung endgültig von ihren Kollegen verabschiedet hat, wird sie spätestens, wenn die Kinder kommen, im Beruf kürzertreten. Schon allein, weil das Betreuungsangebot nicht gut genug ausgebaut ist, um beiden Elternteilen einen Vollzeitjob zu ermöglichen. Das ist aber nicht der einzige Grund. Anders als in der DDR herrscht in der BRD noch immer die klassische Rollenverteilung in der Familie vor. Erst allmählich finden sich hier und da einzelne Väter, die für die Kinder zu Hause bleiben, während die Mütter arbeiten gehen. Das hängt auch mit der Wirtschaftskrise zusammen: Bei den derzeitigen Arbeitslosenzahlen muss man froh sein, wenn man einen Job hat, der die Familie ernähren kann.
Und auch in der DDR ist die Emanzipation auf dem Papier deutlich weiter als im realen Leben. Zwar gehen beide Ehepartner gleichberechtigt arbeiten, die Hausarbeit und Kinderpflege bleibt dennoch hauptsächlich an den Frauen hängen, die dafür sogar einen Tag im Monat von der Arbeit freigestellt werden.

NACHWUCHS

Der Austausch mit anderen werdenden oder frisch gebackenen Eltern legt manchmal den Grundstein für langjährige Freundschaften.

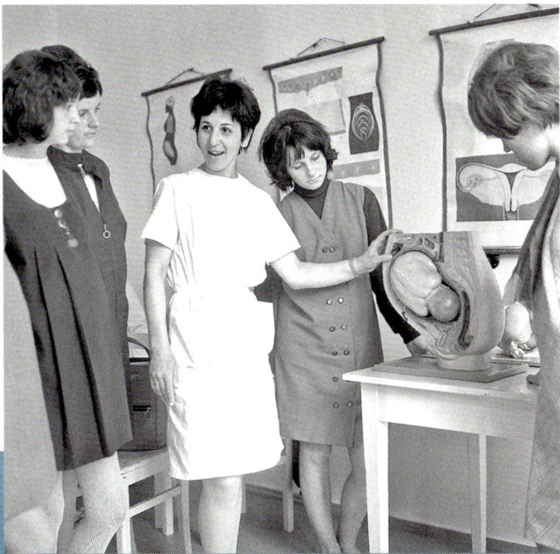

GUT VORBEREITET

In der DDR ist das Beratungsangebot für werdende Mütter besonders gut ausgebaut. Da kann doch fast nichts mehr schiefgehen!

CHANCENGLEICHHEIT

Es regt sich Widerstand: Immer mehr Frauen begehren gegen die klassische Rollenverteilung und ungerechte Bezahlung im Beruf auf. In Schweden können seit diesem Jahr auch Väter sechs Monate Erziehungsurlaub nehmen.

1974

Der Entertainer Rudi Carrell heiratet am 1. Februar zum zweiten Mal. Nachdem er sich 1973 von seiner Frau Truus hat scheiden lassen, heiratet er jetzt Anke Bobbert. In den 90er-Jahren beginnt Rudi Carrell eine Beziehung mit der Drehbuchautorin Susanne Hoffmann, die Ehe mit Anke wird aber bis zu deren Tod nicht geschieden. 2001 heiratet Rudi noch ein drittes Mal. 2006 verfügt er, dass Anke in sein Grab umgebettet werden soll.

Rolf Knie aus der bekannten Schweizer Zirkusdynastie Knie heiratet am 1. August bei einer großen Feier auf Schloss Lenzburg seine Verlobte Erica Brosi. Die Ehe der beiden hält nur zehn Jahre. 1984 lassen sie sich scheiden. Der gemeinsame Sohn Gregory tritt in die Fußstapfen seines Vaters und arbeitet mit ihm in der Manege. 1991 heiratet Rolf Knie die portugiesische Artistin Anabela Lorador-Rodriguez.

Am 28. August heiraten der ehemalige Fußballnationalspieler Hannes „die Nase" Löhr und Annemarie Wisdorf. Die standesamtliche Trauung findet in Weiden bei Köln statt. Die Ehe der beiden hält bis zu Annemaries Tod im Jahr 2010. Das Paar hat eine Tochter.

HOCHZEITEN DES JAHRES

Nicht einmal ein Jahr ist vergangen, seit John Paul Getty III. von Mitgliedern der italienischen Mafia entführt wurde, als er am 16. September 18-jährig seine schwangere Freundin Gisela Zacher heiratet. Für Gisela ist es bereits die dritte Ehe. Bis 1972 war sie mit dem Schauspieler Rolf Zacher verheiratet, die gemeinsame Tochter Anna wird von John Paul Getty III. adoptiert. Nach der Hochzeit in Rom zieht die Familie in die USA. 1980 trennt sich das Paar.

Am 18. September geben sich in der Wies-Kirche in Steingaden (Oberbayern) der Eiskunstläufer Hans-Jürgen Bäumler und die Lehrerin Marina Engelmann das Jawort. Mehr als 15.000 Schaulustige reisen zur „Hochzeit des Jahres". Das Paar bekommt zwei Töchter und lebt heute an der Côte d'Azur.

Auch Evelyn Jahn, die jüngste Tochter des Wienerwald-Chefs Friedrich Jahn, hat erst kürzlich eine Entführung überstanden, als sie am 14. Oktober Günter Peitzner in der Dorfkirche von Siezenheim bei Salzburg heiratet. Gemeinsam mit ihrem Sohn und ihrer Schwester erwirbt Evelyn Peitzner 2007 die Markenrechte am insolventen Unternehmen ihres Vaters zurück und beginnt mit dem Wiederaufbau des einst erfolgreichen Unternehmens.

1974

VERKEHR

Das Auto einer Generation

DER VW GOLF I

„Freie Fahrt für freie Bürger" fordert der ADAC und verlangt die Abschaffung der erst im Vorjahr beschlossenen Geschwindigkeitsbegrenzung von 100 km/h auf bundesdeutschen Autobahnen. Sie war als Reaktion auf die Ölkrise eingeführt worden und sollte zum Spritsparen beitragen. Doch die ADAC-Kampagne hat Erfolg: Künftig gilt auf der Autobahn die Richtgeschwindigkeit von 130 km/h, soweit nichts anderes ausgeschildert ist.
Die nach der Ölkrise noch immer hohen Benzinpreise haben zur Folge, dass besonders sparsame Automodelle gefragt sind. Auch steigen viele Menschen häufiger aufs Fahrrad und lassen das Auto in der Garage stehen, wenn es die Situation zulässt. Diese Zeichen der Zeit hat auch VW erkannt und landet mit dem Golf einen Riesenerfolg. Für 7995 D-Mark, das entspricht heute etwa 12.649 Euro, bekommt man ihn fabrikneu. Von dem Angebot machen so viele Menschen Gebrauch, dass der Golf bereits 1974 die Zulassungsstatistik anführt. Darüber hinaus ist der Golf nicht nur Mitgründer einer eigenen Fahrzeugklasse – der Kompaktklasse –, sondern wird auch den Begriff „Generation Golf" für eure Kinder prägen.

LUFTVERKEHR

Im Herbst wird das neue Hauptgebäude des Flughafens Berlin-Tegel eingeweiht. Noch dürfen ausschließlich Fluggesellschaften aus Frankreich, Großbritannien und den USA Westberlin anfliegen.

MEHR SICHERHEIT

Eine Gurtpflicht gibt es noch nicht, doch seit 1974 sind alle Neuwagen mit Sicherheitsgurten ausgestattet. VW geht noch einen Schritt weiter und bietet einen „Gurt für Vergessliche" an, der so zwischen Tür und Sitz angebracht ist, dass er sich beim Einsteigen automatisch anlegt.

WISST IHR'S?

Welches andere Modell hilft dem Autokonzern VW neben dem Golf in den 70er-Jahren aus der Krise?

Antwort:
Der Passat

NEU VERPACKT

Seit dem 1. Januar sollen Kraftfahrzeuge aus der DDR statt des „D" für Deutschland den Aufkleber „DDR" führen.

DER NEUE VOLKSWAGEN

Mit seiner eckigen Form setzt sich der Golf deutlich vom Käfer ab, doch in seiner Beliebtheit steht er dem Käfer in nichts nach.

Dem Täter auf der Spur

NEUE KRIMIUNTERHALTUNG

Alle starren gebannt auf den Löffel, der sich langsam biegt. Uri Gellers Auftritt in Wim Thoelkes Quizsendung „Drei mal Neun" befeuert 1974 das „Gellerfieber". Die Republik ist zwiegespalten, ob man es hier mit einem Scharlatan oder einem übersinnlichen Genie zu tun hat. Unterhaltsam sind seine Vorführungen in jedem Fall.
Deutlich weniger Zuspruch erfährt hingegen die erste „Derrick"-Folge. Horst Tappert als Stephan Derrick und Fritz Wepper in der Rolle des Harry Klein ermitteln in „Waldweg" einen Täter, der den Zuschauern von Anfang an bekannt ist. Das kommt nur bei den wenigsten gut an und so werden die kommenden Folgen den Sehgewohnheiten des Publikums angeglichen.
In der DDR bekommen die Zuschauer einen anderen Krimi gar nicht erst zu Gesicht: Der „Polizeiruf 110 – Im Alter von …" fällt noch vor seiner Ausstrahlung der Zensur zum Opfer. Er basiert auf einem echten Kriminalfall, der nach einer Buchveröffentlichung 1974 überraschend Wellen in der BRD schlägt, und die DDR möchte weiteres Aufsehen vermeiden. 2011 erlebt „Im Alter von …" seine verspätete Premiere. Im Rahmen des „Polizeiruf"-Jubiläums wurden die wiedergefundenen Filmrollen restauriert und mithilfe des Originaldrehbuchs synchronisiert.

ZWECKENTFREMDET

Üben für den Nachwuchs oder nur praktische Transporthilfe? Mit einem Kaufpreis von knapp 2000 Mark ist der neue Fernseher in der DDR auf jeden Fall wertvolles Frachtgut.

STETS ADRETT

24 Jahre lang ermitteln Stephan Derrick und Harry Klein im Fernsehen, dann hat Horst Tappert keine Lust mehr und die Titelfigur wird von Europol angeworben.

WISST IHR'S?

Aus welcher Serie kennt man die Serienfigur Harry Klein schon vor „Derrick"?

Antwort:
„Der Kommissar"

ZUM MITMACHEN

Die 70er-Jahre sind das Jahrzehnt der Quizshows im deutschen Fernsehen. Beliebter Quizmaster ist Rudi Carrell, der seit 1974 „Am laufenden Band" moderiert.

Ein zweiter Stern für Deutschland

WELTMEISTER IM EIGENEN LAND

Die Fußball-Weltmeisterschaft 1974 wird die „WM der ersten Male“: Zum ersten Mal wird das Turnier in der BRD ausgetragen, zum ersten Mal tritt die DDR mit einer eigenen Mannschaft an, zum ersten Mal folgt auf die Vorrunde eine weitere Gruppenphase und zum ersten Mal werden rote Karten verteilt. Das Vorrundenspiel BRD – DDR am 22. Juni kann nach einem Tor von Jürgen Sparwasser völlig überraschend die DDR für sich entscheiden, die damit zugleich Gruppensieger wird. Für das westdeutsche Team, das amtierender Europameister ist und deshalb als Favorit gilt, ist es eine herbe Niederlage, aber wenigstens die einzige des Turniers. Zur zweiten legendären Partie wird die „Wasserschlacht von Frankfurt“, die zwischen Polen und der BRD ausgetragen wird. Nach einem Regenguss vor Anpfiff ist der Platz unbespielbar, wird aber von der Feuerwehr mit Walzen und Pumpen so gut es geht vom Wasser befreit. Die widrigen Umstände spielen den Deutschen in die Karten, die den Polen als technisch unterlegen gelten. Der 1:0 Sieg qualifiziert die westdeutsche Mannschaft schließlich fürs Finale gegen die Niederlande, das sie am 7. Juli in München für sich entscheiden kann.

RUMBLE IN THE JUNGLE

Ein weiteres sportliches Ereignis, das dieses Jahr in die Geschichte eingeht, ist der Boxkampf Muhammad Ali gegen George Foreman in Zaire (heute Demokratische Republik Kongo). Ali gewinnt in der achten Runde mit einem K.o.

NEUER POKAL

Bei der WM 1974 wird zum ersten Mal um den neuen FIFA-Pokal gespielt, hier gehalten vom glücklichen deutschen Torwart Sepp Maier.

UNTER WASSER

Es regnet noch immer, als Feuerwehr und Stadionmitarbeiter am 3. Juli versuchen, die Seenlandschaft im Frankfurter Stadion wieder in einen bespielbaren Fußballrasen zu verwandeln.

Slogans für die Ewigkeit

DIE BUNTE WELT DER WERBUNG

Im Vergleich zu heute werdet ihr 1974 von Fernsehen und Radio nur moderat mit Werbung beschallt, denn im öffentlich-rechtlichen Rundfunk und Fernsehen sind Werbezeiten streng reglementiert und Privatfernsehen gibt es noch nicht. Aber Werbebotschaften auf Plakatwänden und in Illustrierten können sich manchmal genauso gut einprägen wie ein freundliches „Sie baden gerade ihre Hände darin" im Fernsehspot. Und so lasst vielleicht auch ihr euch davon überzeugen, dass Bac „für alle da" ist, mit Tosca „die Zärtlichkeit kam" und man bei Persil „weiß, was man hat".

Schwere Zeiten hat dagegen das legendäre HB-Männchen, denn seit dem 18. Juni darf in Radio und Fernsehen nicht mehr für Tabakwaren geworben werden. Künftig darf Bruno also nur noch im Kino in die Luft gehen.

Eine Neuerung beim Einkaufen ist die Einführung der unverbindlichen Preisempfehlung. Sie ersetzt die aufgehobene Preisbindung für Markenartikel und soll der Kartell- und Monopolbildung vorbeugen.

SCHNEELANDSCHAFT IN DER BADEWANNE

Badusan, die Schaumbad-Marke der DDR, wirbt in den 70er-Jahren mit dieser Anzeige.

AUF DER HÖHE DER ZEIT

Habt ihr es auch gekauft, das „Waschmittel der 70er-Jahre"?

WISST IHR'S?

Welche Marke wirbt mit „der wilden Frische von Limonen"?

Antwort: Fa

RAUCHIGER RÄTSELSPASS

Das Werbeverbot für Tabakwaren betrifft ausschließlich Radio und Fernsehen. Auf Plakatwänden, in Druckmedien und im Kino darf weiterhin ohne Einschränkung für Zigaretten und andere Tabakwaren geworben werden.

1974

TERRAKOTTA-ARMEE

Nahe dem Grabhügel des ersten chinesischen Kaisers Qín Shǐhuángdì (259–210 v. Chr.) stoßen Bauern beim Graben eines Brunnens in Xi'an auf Überreste von Terrakotta-Figuren. Die Lokalregierung versucht den Fund zunächst geheim zu halten, doch die Information sickert durch. Eine offizielle Grabung fördert schließlich Teile einer ganzen Armee an Terrakotta-Soldaten zu Tage, die alle individuelle Gesichtszüge und zum Teil auch noch Waffen tragen. Schätzungen gehen heute von 8000 Terrakotta-Figuren aus, die jedoch noch nicht alle ausgegraben wurden.

GUILLAUME-AFFÄRE

Am 24. April werden Günter Guillaume und seine Frau Christel als Spione des Ministeriums für Staatssicherheit der DDR enttarnt. Das ist besonders in Günter Guillaumes Fall brisant, weil er als Referent des Bundeskanzleramts einer der engsten Mitarbeiter von Bundeskanzler Willy Brandt ist. Brandt zieht die Konsequenz aus der Affäre und tritt am 7. Mai zurück.

WAS SONST NOCH GESCHAH

NELKENREVOLUTION

Am 25. April putscht die linksgerichtete Armeegruppe „Movimento das Forças Armadas", gestützt von weiten Teilen der portugiesischen Bevölkerung, gegen die seit den 30er-Jahren herrschende Diktatur. Die Revolution, die ihren Namen aufgrund der Nelken trägt, die putschende Soldaten in ihre Gewehrläufe stecken, verläuft sehr friedlich und führt in der Folge zur Gründung der demokratischen Dritten Portugiesischen Republik und zur Unabhängigkeit der portugiesischen Kolonien.

DEUTSCHE DIPLOMATIE

Mit der Eröffnung der Ständigen Vertretungen in Bonn und Ostberlin nehmen DDR und BRD am 2. Mai diplomatische Beziehungen auf. In Bonn bezieht Michael Kohl seinen Posten, Ständiger Vertreter der BRD in Ostberlin wird Günter Gaus (im Bild rechts sitzend). Dass in der BRD nicht von Botschaftern die Rede ist, liegt daran, dass die Bundesrepublik noch immer an dem Ziel einer Wiedervereinigung der beiden Staaten festhält und die DDR nicht im vollen Umfang als souveränen Staat anerkennt.

1974 BIS 2024

1974 IHR HEIRATET

1975 INTERNATIONALES JAHR DER FRAU

Die Vereinten Nationen rufen 1975 das Internationale Jahr der Frau aus. In Island beteiligen sich 90 Prozent aller Frauen an einem Frauenstreik, der das öffentliche Leben einen Tag lang zum Stillstand bringt.

1976 IN EINEM UNBEKANNTEN LAND

Die „Biene Maja" kommt ins Fernsehen. Das ZDF sendet zunächst nur eine Staffel der Zeichentrickserie. Nachdem die Zuschauer ihre Begeisterung äußern, wird noch eine zweite Staffel produziert.

1977 DEUTSCHER HERBST

Am 5. September entführen Terroristen der RAF Arbeitgeberpräsident Hanns Martin Schleyer. Am 18. Oktober wird er ermordet. Die Geiselnahme ist der Höhepunkt des linken Terrorismus im sogenannten Deutschen Herbst.

1978 DER HEILIGE STUHL

Nach nur 33 Tagen im Amt stirbt Papst Johannes Paul I. völlig überraschend. Sein Nachfolger ist nach 400 Jahren zum ersten Mal kein Italiener mehr, sondern Pole. Der Erzbischof von Krakau, Karol Wojtyła, wird als Johannes Paul II. vom Konklave zum Papst gewählt.

1979 FRAU AN DER MACHT

Margaret Thatcher wird die erste Premierministerin des Vereinigten Königreiches. Sie ist gleichzeitig die erste weibliche Regierungschefin in Europa.

1980 EIN OSCAR FÜR OSKAR

Als erster deutscher Film erhält „Die Blechtrommel" von Volker Schlöndorff einen Oscar für den besten ausländischen Film.

1981 EIN NEUES ZEITALTER

IBM stellt mit dem IBM 5150 den ersten Personal Computer (PC) vor. Er hat noch keine Festplatte, sondern lediglich bis zu zwei Diskettenlaufwerke. Wirklich erschwinglich sind diese frühen Computer noch nicht. Gemessen an der heutigen Kaufkraft kostete ein IBM PC rund 8800 Euro.

1982 REGIERUNGSWECHSEL

Bundeskanzler Helmut Schmidt wird in einem konstruktiven Misstrauensvotum von seinem Amt abgewählt. Sein Nachfolger wird der CDU-Politiker Helmut Kohl.

1983 STERN-AFFÄRE

Der Stern veröffentlicht Auszüge aus vermeintlichen Hitler-Tagebüchern. Kurze Zeit später wird klar: Die Journalisten sind einem Betrüger aufgesessen. Die Tagebücher stammen aus der Feder des Kunstfälschers Konrad Kujau, der sie dem Magazin für 9,3 Mio. DM verkauft hatte.

1984 KONTROVERSE

Nach vielen Diskussionen um die Zukunft der deutschen Fernsehlandschaft startet 1984 in Deutschland das Privatfernsehen. Die neuen Sender Sat. 1 und RTL finanzieren sich nicht über Rundfunkgebühren, sondern über Werbeeinnahmen.

1985 VERSENKT

Am 10. Juli versenkt der französische Geheimdienst die „Rainbow Warrior", das Schiff der Umweltorganisation Greenpeace, im Hafen von Auckland (Neuseeland). Bei den Explosionen kommt der Greenpeace-Fotograf Fernando Pereira ums Leben.

1986 SUPER-GAU

Nach einer Kernschmelze kommt es im ukrainischen Atomkraftwerk Tschernobyl zu einem Super-GAU. Die freigesetzte Strahlung verseucht nicht nur das unmittelbare Gebiet um das Kraftwerk, sondern gelangt durch Wind und Regen auch bis nach Deutschland.

1987 LANDUNG IN MOSKAU

Der erst 19-jährige deutsche Hobbypilot Mathias Rust landet mit seiner Cessna auf dem Roten Platz in Moskau. Das Experiment kommt ihn teuer zu stehen: Für das unerlaubte Eindringen in den sowjetischen Luftraum wird er zu vier Jahren Lagerhaft verurteilt, kann aber schon nach 14 Monaten nach Deutschland zurückkehren.

1988 VENUS VOM GALGENBERG

Im September machen Archäologen bei einer Rettungsgrabung in Niederösterreich einen aufregenden Fund: Sie graben eine sieben Zentimeter große Steinfigur aus, die sie wegen ihrer Körperhaltung „Fanny – die tanzende Venus vom Galgenberg" nennen. Das Figürchen stellt sich als damals älteste bekannte Statue der Menschheitsgeschichte heraus und ist gute 30.000 Jahre alt.

1989 MAUERFALL

Am 9. November öffnet die DDR ihre Grenzen zur BRD. Tausende strömen in den Westen und feiern auf der verhassten Mauer ihre neu gewonnene Freiheit. Ein Jahr später wird Deutschland wiedervereint.

1990 ZWEI NATIONALFEIERTAGE

Der 17. Juni wird zum letzten Mal als arbeitsfreier Feiertag begangen. Am 3. Oktober wird dafür zum ersten Mal der „Tag der deutschen Einheit" gefeiert, der künftig den 17. Juni als Nationalfeiertag ersetzt.

1991 IMMER SCHNELLER

Die Deutsche Bahn nimmt die ersten vollständigen Hochgeschwindigkeitstrassen in Betrieb. Der ICE erreicht Spitzengeschwindigkeiten von bis zu 300 km/h.

1992 BRANDSTIFTUNG

In Rostock-Lichtenhagen stecken Rechtsradikale ein Asylbewerberheim in Brand. Die Aktion wird von tausenden Schaulustigen und Sympathisanten begleitet, erst nach Tagen bekommt die Polizei die Situation unter Kontrolle und kann die Bewohner in Sicherheit bringen.

1993 NEUE POSTLEITZAHLEN

Ab 1. Juli gelten die neuen fünfstelligen Postleitzahlen. Die Umstellung von vier auf fünf Ziffern war durch die Wiedervereinigung notwendig geworden, da rund 800 Orte in Ost und West identische Postleitzahlen hatten.

1994 PRÄSIDENTSCHAFTS-WAHLEN

Nelson Mandela wird zum ersten schwarzen Präsidenten Südafrikas gewählt. Die Wahl ist ein Symbol für das endgültige Ende der Apartheid.

1995 VERKLEIDET

Das Künstlerpaar Christo und Jeanne-Claude verhüllt den Berliner Reichstag. Das Projekt hatte 23 Jahre Vorlaufzeit und lockt Besucher aus der ganzen Welt nach Berlin.

1996 VERHAFTET

In Belgien werden Marc Dutroux und zwei Komplizen festgenommen, zunächst nur im Zusammenhang mit der Entführung zweier Mädchen. Im Laufe der Ermittlungen enthüllt die Polizei ein unvorstellbares Ausmaß an Grausamkeit, unter anderem die Entführung und den Missbrauch von zahlreichen weiteren Kindern.

1997 PRINZESSIN DER HERZEN

Prinzessin Diana, die Exfrau des britischen Thronfolgers Prinz Charles, kommt bei einem Autounfall in einem Pariser Tunnel ums Leben. Ihr Fahrer hatte zuvor versucht, eine Gruppe Paparazzi abzuhängen. Das Staatsbegräbnis in London wird weltweit live übertragen und zu einem der größten Medienereignisse der Geschichte.

1998 ROT-GRÜNE KOALITION

Gerhard Schröder wird Regierungschef der ersten rot-grünen Bundesregierung. Er löst Helmut Kohl nach 16 Jahren als Bundeskanzler ab.

1999 BLACKOUT

Der CDU-Schatzmeister Walter Leisler Kiep wird wegen Steuerhinterziehung angeklagt. Im Zuge der Ermittlung kommt es zur sogenannten CDU-Spendenaffäre. Der ehemalige Bundeskanzler Helmut Kohl muss zugeben, in seiner Regierungszeit unversteuerte Parteispenden angenommen zu haben. Die Namen der Spender gibt er nicht preis.

2000 KEINE PANIK

Im Jahr 1999 zittert die Welt vor dem „Millennium-Bug". Die sechsstelligen Datumsanzeigen vieler EDV-Systeme könnten beim Jahreswechsel 1999/2000 Probleme haben. Die Medien bauschen das „Jahr-2000-Problem" auf und malen Schreckensszenarien, was der Bug alles bewirken könnte. Tatsächlich rüsten die meisten öffentlichen Stellen und Unternehmen rechtzeitig ihre Software auf, sodass es zu keinen größeren Zwischenfällen kommt.

2001 9/11

Islamistische Terroristen entführen vier Flugzeuge und verüben Anschläge auf öffentliche Einrichtungen der USA. Zwei der Flugzeuge werden in die Türme des World Trade Centers in New York gelenkt, das dritte ins Pentagon. Das vierte Flugzeug sollte wohl Regierungsgebäude in Washington treffen, wird aber zuvor über Pennsylvania zum Absturz gebracht. Insgesamt sterben bei den Anschlägen über 3000 Menschen.

2002 NEUE WÄHRUNG

Zum 1. Januar wird in der Eurozone die neue gemeinsame Währung eingeführt. Bereits 1999 wurde der bargeldlose Zahlungsverkehr auf Euro umgestellt. In Deutschland ist nach der Umstellung oft vom „Teuro" die Rede.

2003 JAHRHUNDERT-SOMMER

Der Sommer 2003 sprengt sämtliche Rekorde. Im August liegen die Mittelwerte teilweise sechs Grad über dem gewöhnlichen Monatsmittel.

2004 GEFÄLLT MIR

An der Havard-Universität startet der junge Student Mark Zuckerberg eine Internet-Plattform für seine Kommilitonen. Es ist der Grundstein des späteren sozialen Netzwerks Facebook, das heute weltweit über zwei Milliarden Mitglieder zählt.

2005 HOLOCAUST-MAHNMAL

In Berlin wird das Denkmal für die im Zweiten Weltkrieg ermordeten Juden Europas eingeweiht. Auf dem Areal in der historischen Mitte Berlins, in der Nähe des Brandenburger Tors, wurden 2711 unterschiedlich große Betonstelen errichtet.

2006 ENDLICH FREI

Am 23. August kann die 18-jährige Natascha Kampusch nach 3096 Tagen Gefangenschaft flüchten. Sie war im Alter von zehn Jahren auf dem Weg zur Schule entführt worden. Ihr Entführer stirbt kurz nach ihrer Flucht.

2007 WETTERKAPRIOLEN

In diesem Jahr wird Europa von Hitzewellen, Überschwemmungen und Stürmen heimgesucht. Der schwerste Sturm, der über Deutschland hinwegfegt, ist Orkan Kyrill. Er reicht zwar nicht an Orkan Lothar von 1999 heran, fordert aber dennoch 47 Todesopfer und richtet erhebliche Sachschäden an.

2008 FINANZKRISE

Die US-amerikanische Bank Lehman Brothers meldet Insolvenz an. Die Weltwirtschaft, die schon seit 2007 in einer Krise steckt, wird dadurch hart getroffen.

2009 FRÜHER TOD

Michael Jackson, der „King of Pop", stirbt am 25. Juni im Alter von 50 Jahren. Als Todesursache wird eine Vergiftung mit dem Narkosemittel Propofol ermittelt, das Jackson gegen seine Schlafstörungen genommen hatte. Sein Leibarzt wird 2010 wegen fahrlässiger Tötung verurteilt.

2010 GRUBENUNGLÜCK VON SAN JOSÉ

Nach einem Bergschlag ist eine Gruppe von Bergleuten in einer Kupfer- und Goldmine in Chile eingeschlossen. Eine Suchbohrung befördert das erste Lebenszeichen ans Tageslicht: Am Bohrkopf haben die Eingeschlossenen einen Zettel mit der Aufschrift „Es geht uns gut im Schutzraum – die 33" befestigt. Nach mehr als zwei Monaten können sie in einer aufwendigen Rettungsaktion befreit werden.

2011 GAU

Nach einem Erdbeben kommt es in Japan zu einem Tsunami, der weite Teile des Landes verwüstet. Auch das Kernkraftwerk Fukushima wird schwer beschädigt. Bei einer Explosion treten große Mengen radioaktiver Strahlung aus.

2012 DAS ENDE DER WELT

Nach dem Maya-Kalender bricht am 21. Dezember eine neue Zeitrechnung an. Dieses Datum ist Anlass für viele nicht ganz ernst gemeinte Weltuntergangsszenarien in den Medien. Wie erwartet bleibt das Großereignis aus.

2013 WHISTLEBLOWER

Edward Snowden, ehemaliger Mitarbeiter des US-Geheimdienstes NSA, enthüllt Spionagepraktiken der amerikanischen und britischen Geheimdienste. Monatelang befindet er sich auf einer spektakulären Flucht vor den Behörden, bis er in Russland Asyl erhält.

2014 SCHLAND!

Bei der Fußballweltmeisterschaft in Brasilien wird die deutsche Mannschaft unter Trainer Jogi Löw Weltmeister. Legendär wird das Halbfinale Deutschland gegen Brasilien. Die Heimmannschaft wird mit 7:1 Toren vom Platz gefegt.

2015 PERSON OF THE YEAR

Das US-amerikanische Time Magazine ernennt Angela Merkel zur „Person of the Year 2015". Auf dem Cover wird ein extra zu diesem Anlass in Auftrag gegebenes Ölgemälde der deutschen Bundeskanzlerin abgebildet.

2016 CAUSA BÖHMERMANN

Nachdem ein auf den türkischen Präsidenten Recep Tayyip Erdoğan abzielender Beitrag der Satiresendung „Extra 3" zu diplomatischen Verstimmungen führt, legt der ZDF-Moderator Jan Böhmermann nach und veröffentlicht in seiner eigenen Satiresendung ein Schmähgedicht auf Erdoğan, um den Anspruch auf uneingeschränkte Pressefreiheit aufzuzeigen. Erdoğan leitet daraufhin rechtliche Schritte wegen Beleidigung ein.

2017 BREXIT

Entgegen allen Prognosen stimmen die Briten in einem Referendum im Sommer 2016 überraschend für den Austritt aus der EU. Es ist der erste Fall in der Geschichte der EU, dass ein Land um das Verlassen des Staatenbundes bittet. Im Frühjahr 2017 beginnen die Austrittsverhandlungen.

2018 MARCH FOR OUR LIVES

Nach einem Schulmassaker in Parkland, Florida, mit 17 Toten schließen sich landesweit Schülergruppen und Unterstützer zu einer Protestbewegung zusammen, die für härtere Waffengesetze in den USA eintritt und fordert, dass sich die Regierung von der starken Waffenlobby distanziert.

2019 GROSSBRAND

Am Abend des 15. April bricht in Notre-Dame de Paris ein Feuer aus. Den rund 600 Rettungskräften gelingt es erst in den Morgenstunden des darauffolgenden Tages, den Brand vollständig zu löschen. Das Unglück löst internationale Anteilnahme aus, die sich überbietenden Spendenaktionen für den Wiederaufbau der Kathedrale erfahren jedoch auch vehemente Kritik.

2020 COVID-19-PANDEMIE

Zu Jahresbeginn entwickelt sich ein neuartiges Coronavirus in China zur Epidemie und breitet sich binnen weniger Monate über die ganze Welt aus. Vielerorts werden strenge Hygienevorschriften und Kontakteinschränkungen verhängt, um die Verbreitung der Lungenkrankheit einzudämmen.

2021 PRÄSIDENT JOE BIDEN

Am 20. Januar wird Joe Biden als 46. Präsident der Vereinigten Staaten vereidigt. Während sein Amtsvorgänger Donald Trump nach dem Motto „America First" regierte, verspricht Biden eine Rückkehr zu mehr internationaler Kooperation – etwa beim Klimaschutz-Übereinkommen von Paris oder bei der Unterstützung der WHO.

2022 SLAWA UKRAJINI!

Am 24. Februar beginnt Russland auf Befehl von Präsident Wladimir Putin mit einem großangelegten Überfall auf die Ukraine. Von russischer Seite wird der Angriffskrieg immer wieder als eine „militärische Spezialoperation" kleingeredet. Der Westen reagiert auf die Kriegshandlungen zunächst mit Waffenlieferungen an die Ukraine und Wirtschaftssanktionen gegen Russland.

2023 LONG LIVE THE KING!

Eigentlich ist Charles III. bereits seit dem Tod seiner Mutter Elizabeth II. am 8. September 2022 König, doch die offizielle Krönung findet erst am 6. Mai 2023 statt. Vor über 2000 geladenen Gästen aus der ganzen Welt, darunter 100 Staatsoberhäupter und viele Monarchinnen und Monarchen, werden Charles und seine Frau Camilla zu König und Königin des Vereinigten Königreiches gesalbt.

2024 IHR FEIERT GOLDENE HOCHZEIT!

50 gemeinsame Jahre

SCHÖN WAR DIE ZEIT!

Seit einem halben Jahrhundert teilt ihr nun schon euer Leben miteinander, habt alle Höhen und Tiefen gemeinsam erlebt. Auf den vergangenen Seiten konntet ihr euch vor Augen führen, was in dieser langen Zeit alles passiert ist und wie sich die Welt um euch verändert hat. Auf den folgenden Seiten ist noch ein wenig Platz für eure persönlichen Erinnerungen: Fotos von damals und heute, Glückwünsche von Familie und Freunden oder auch Anekdoten aus eurer gemeinsamen Zeit.

Bildnachweis:
Coverfoto: INTERFOTO/Schmidt-Luchs; Hintergrund: Shutterstock.com
Alle Innenteilabbildungen: picture alliance; Hintergründe und Dekoelemente: Shutterstock.com

Ein Imprint der Verlagsgruppe Droemer Knaur GmbH & Co. KG, München
Gesamtgestaltung: Karin Etzold
Text und Bildauswahl: Anna Pezold, Neumann & Kamp Historische Projekte
Lektorat: Dr. Guido Fuchs
Redaktion: Katharina Hepp, Pattloch Verlag
Gesamtherstellung: AZ Druck und Datentechnik GmbH, Kempten

ISBN 978-3-629-00974-6
www.geschenkverlage.de
5 4 3 2 1

FSC
www.fsc.org
MIX
Papier | Fördert gute Waldnutzung
FSC® C008457